seven o'clock
p.m.

eight o'clock
p.m.

nine o'clock
p.m.

ten o'clock
p.m.

eleven o'clock
p.m.

twelve o'clock
(midnight)

one o'clock
a.m.

two o'clock
a.m.

three o'clock
a.m.

four o'clock
a.m.

five o'clock
a.m.

six o'clock
a.m.

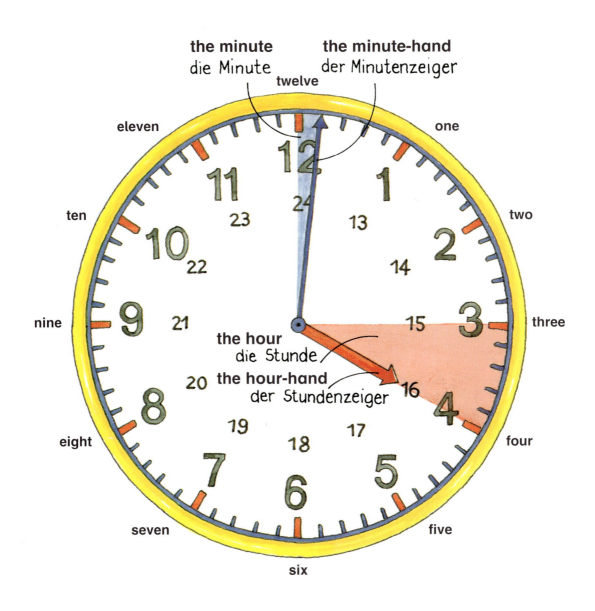

Mit englischem und deutschem Text

Englisch lernen mit der

Geschichten von der Uhr

Text von Werner Färber
Illustrationen von Angela Weinhold
Übersetzung von Christina Reuth

Bibliografische Information Der Deutschen Bibliothek
Die Deutsche Bibliothek verzeichnet diese Publikation
in der Deutschen Nationalbibliografie;
detaillierte bibliografische Daten sind im Internet
über *http://dnb.ddb.de* abrufbar.

Mehr über den Autor unter
www.wernerfaerber.de

*Der Umwelt zuliebe ist dieses Buch
auf chlorfrei gebleichtem Papier gedruckt.*

ISBN 3-7855-4895-8 – 1. Auflage 2003
© 2003 Loewe Verlag GmbH, Bindlach
© für den deutschen Text 1995, 2002 Loewe Verlag
Umschlagillustration: Angela Weinhold
Reihenlogo: Angelika Stubner
Umschlaggestaltung: Andreas Henze

www.loewe-verlag.de

Inhalt/Contents

Ein Tag mit Max   8
A day with Max

Mama, wie spät ist es?   24
Mummy, what time is it?

Wichtige Tunwörter   40
Important verbs

Ein Tag mit Max

Jeden Morgen klingelt der um .

Mama steht auf und geht unter die .

Dann weckt sie Max.

Er zieht sein  und seine an.

Papa deckt den .

„Hm, frische ", sagt Max.

	Wecker	**alarm clock**		Hose	**trousers**
	sieben Uhr	**seven o'clock**		Tisch	**table**
	Dusche	**shower**		Brötchen	**rolls**
	Hemd	**shirt**	Let's talk!	Wann stehst du morgens auf?	**What time do you get up in the morning?**

A day with Max

Every morning the rings at .

Mummy gets up and takes a .

Then she wakes up Max.

He puts on his and his .

Daddy lays the .

"Yummy, fresh ," Max says.

Um  bringt Papa Max

in den  .

Bis spielen die  ,

was sie wollen.

Um bringt der

frische .

Bis sind die

auf dem .

	acht Uhr	**eight o'clock**		zehn Uhr	**ten o'clock**
	Kindergarten	**nursery-school**		Bäcker	**baker**
	neun Uhr	**nine o'clock**		Brezeln	**pretzels**
	Kinder	**children**		Spielplatz	**playground**

At  Daddy takes Max to the .

Until  the 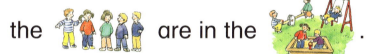 play whatever they want.

At the brings fresh .

Until the are in the .

„Hallo, Max!", ruft Mama.

Sie holt Max um ab.

Dann fahren sie heim.

Mama brät und .

Sie essen um .

Um legt sich Max ins

und schläft bis um .

"Hello, Max!" Mummy shouts.

She picks up Max at .

Then they drive home.

Mummy fries and .

They have lunch at .

Max goes to at

and sleeps until .

Danach geht Max in den  und spielt mit Sabine.

Um regnet es.

„Dann spielen wir drinnen",

sagt Max.

Sie legen zusammen ein .

	Garten	**garden**	Let's talk! Wann gehst du zur Schule?	**What time do you go to school?**
	vier Uhr	**four o'clock**	Let's talk! Ich gehe morgens zur Schule.	**I go to school in the morning.**
	Puzzle	**jigsaw**	Let's talk! Was machst du nachmittags?	**What do you do in the afternoon?**

Afterwards Max goes to the

and plays with Sabine.

At it starts to rain.

"Let's play inside instead,"

Max says.

They do a  together.

„Ich gehe einkaufen. Kommst du mit?",

fragt Papa um .

Sie kaufen ,  und .

Um abends

essen sie , ,  und .

Um wäscht sich Max

und putzt seine .

	Salat	**salad**	Käse	**cheese**
	Karotten	**carrots**	Wurst	**sausage**
	Äpfel	**apples**	sieben Uhr	**seven o'clock**
	Brot	**bread**	Zähne	**teeth**

"I go shopping. Do you come with me?"

Daddy asks at .

They buy ,  and .

At in the evening

they eat , ,  and .

At Max washes himself,

and brushes his .

Abends sitzt Papa bis um

auf dem und liest Max

ein vor. „Schlaft gut",

sagt Max zu Mama und Papa.

Dann knipst er die aus.

Um ist Max schon eingeschlafen,

und um gehen

Mama und Papa ins .

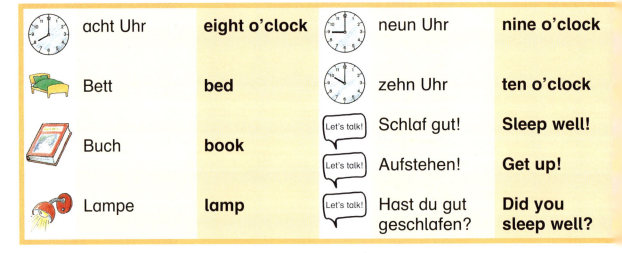

Every evening Daddy sits

at the  until and reads

a to Max. "Sleep well,"

Max says to Mummy and Daddy.

Then he switches off the .

At Max is already asleep,

and Mummy and Daddy

go to at .

Um ist es still im .

Um fährt

die letzte  vorüber.

Um scheint der

zum herein.

Der läuft bis um

in seinem .

Dann ist auch er müde.

	Haus	**house**	Hamster	**hamster**
	Straßenbahn	**tram**	Käfig	**cage**
			Let's talk! Was machst du abends?	**What do you do in the evening?**
	Fenster	**window**		
	Mond	**moon**	Let's talk! Ich gehe jeden Abend um acht Uhr ins Bett.	**I go to bed at eight o'clock every evening.**

At it is quiet in the .

The last  passes by at .

At  the shines through the .

The runs around in his  until .

Then he is tired, too.

Zwischen und

passiert nichts.

Um bellt ein ,

und um steckt eine

die in den .

Und um klingelt wieder der .

„Aufstehen, Max!"

	Hund	**dog**	Let's talk!	Was passiert in der Nacht?	**What happens at night?**
	Frau	**woman**	Let's talk!	Der Mond scheint.	**The moon shines.**
	Zeitung	**newspaper**	Let's talk!	Der Hund bellt.	**The dog barks.**
	Briefkasten	**letter box**			

Between  and

nothing happens.

"Get up, Max!"

Mama, wie spät ist es?

Claudia und Mama steigen in den  .

Auf der großen ist es nachmittags.

Claudia fragt: „Wann sind wir bei Oma?"

„Um ", sagt Mama.

Sie zeigt Claudia ihre .

„Das ist der große .

	Zug	**train**	Let's talk!	Wie verreist du am liebsten?	**How would you prefer to travel?**
	Bahnhofsuhr	**station clock**	Let's talk!	Ich verreise am liebsten mit dem Zug.	**I prefer to travel by train.**
	Armbanduhr	**watch**			
	Zeiger	**hand**	Let's talk!	Ich verreise am liebsten mit dem Bus.	**I prefer to travel by bus.**

Mummy, what time is it?

Claudia and Mummy get into the .

It is p.m. on the big 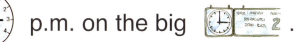.

Claudia asks: "When will we be at Grandma's?"

"At 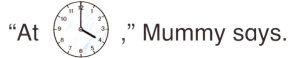," Mummy says.

She shows Claudia her .

"This is the big .

Er wandert einmal ganz herum.

Der kleine ⟶ muss von der 3 bis zur 4."

„Die ⌐ bewegen sich nicht", sagt Claudia.

„Doch", sagt Mama, „aber langsam."

Claudia schaut aus dem .

Sie sieht , und .

	Fenster	**window**	Let's talk!	Zähle bis zehn!	**Count to ten!**
				1	**one**
				2	**two**
	Bäume	**trees**		3	**three**
				4	**four**
				5	**five**
	Kühe	**cows**		6	**six**
				7	**seven**
				8	**eight**
	Pferde	**horses**		9	**nine**
				10	**ten**

It goes all the way round.

The little ⟶ has to move from 3 to 4."

"The don't move," Claudia says.

"Of course, they do," Mummy says,

"but slowly."

Claudia looks out of the .

She sees , and  .

„Wie spät ist es?", fragt Claudia.

„Genau ", sagt Mama.

Der  rattert vor sich hin.

Beinahe schläft Claudia ein.

Plötzlich schreckt sie hoch.

„Mama, wie spät ist es jetzt?"

Mama lächelt. „Es ist ."

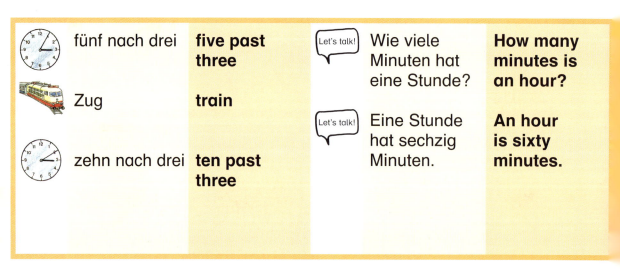

"What time is it?" Claudia asks.

"Exactly  ," Mummy says.

The clatters along.

Claudia almost falls asleep.

Suddenly she startles.

"Mummy, what time is it now?"

Mummy smiles. "It is ."

Dann kommt der .

Claudia gibt ihm die .

„Danke, junge ", sagt der .

„Wie spät ist es?", fragt Claudia.

Der zieht seine  heraus.

„", antwortet er und geht weiter.

Mama liest eine .

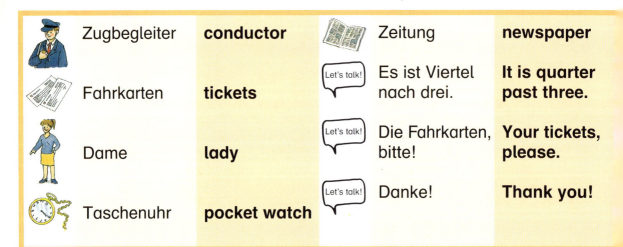

Then the  comes.

Claudia hands him the .

"Thank you, young ," the says.

"Sir, what time is it, please?" Claudia asks him.

The pulls out his 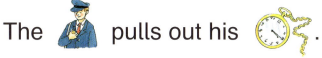.

"," he answers and walks on.

Mummy reads a .

Plötzlich fährt der

in einen .

Claudia fragt: „Mama, wie spät ist es?"

Mama seufzt. „Es ist ."

Claudia packt ihre

und den auf den .

Claudia malt, aber sie fragt ständig:

„Wie spät ist es?"

	Tunnel	**tunnel**	Tisch	**table**
	zwanzig nach drei	**twenty past three**	Welche Farbe haben die Buntstifte?	**What colours are the pencils?**
	Buntstifte	**coloured pencils**	Der Stift ist ... rot. ... gelb. ... grün. ... blau.	**The pencil is ... red. ... yellow. ... green. ... blue.**
	Block	**pad**		

Suddenly the  travels into a .

Claudia asks: "Mummy, what time is it?"

Mummy sighs. "It is ."

Claudia puts her

and the onto the .

Claudia paints, but keeps on asking:

"What's the time?"

Mama schaut immer wieder auf ihre .

„, , ",

antwortet sie weiter geduldig.

Endlich wird der  langsamer.

Hastig packt Claudia ihren .

„Wir sind noch nicht da", sagt Mama.

„Wann kommt dieser dumme

endlich an?", fragt Claudia.

	Armbanduhr	**watch**	Zug	**train**
	halb vier	**half past three**	Rucksack	**rucksack**
	Viertel vor vier	**quarter to four**	Wie viel Uhr ist es?	**What time is it?**
	zehn vor vier	**ten to four**	Es ist vier Uhr.	**It is four o'clock.**

Mummy looks at her again and again

and she keeps on answering patiently:

" , ,  ."

Finally the  gets slower.

Hastily, Claudia packs her .

"We aren't there yet," Mummy says.

"When will this silly

finally stop?" Claudia asks.

„Wenn der große auf die zeigt",

sagt Mama. Sie nimmt ihre ab

und legt sie um Claudias .

Um steckt Mama ihre

in die .

Um zieht Mama ihren an.

Claudia setzt die auf.

Um stellt Mama den bereit.

	Arm	**arm**	Mantel	**coat**
	fünf vor vier	**five to four**	Mütze	**cap**
	Tasche	**bag**	Koffer	**suitcase**
	vier vor vier	**four to four**	drei vor vier	**three to four**

"When the big is on the ,"

Mummy says. She takes off her

and puts it round Claudia's .

At Mummy puts her

into the .

At Mummy puts on her .

Claudia puts on her .

At Mummy gets the ready.

Um gehen sie an die .

Um bremst der quietschend ab.

Auf dem Bahnsteig steht Oma und wartet.

Genau um springt Claudia

in ihre .

„War es sehr langweilig im ?",

fragt Oma.

„Überhaupt nicht!", ruft Claudia.

	Tür	**door**	Let's talk!	Es steht am Bahnsteig.	**It is at the platform.**
	Zug	**train**	Let's talk!	Wie viele Koffer hast du?	**How many suitcases have you got?**
	Arme	**arms**	Let's talk!	Ich habe zwei Koffer.	**I have got two suitcases.**
Let's talk!	Wo ist dein Gepäck?	**Where is your luggage?**			

At  they go to the .

At the  brakes noisily.

Claudia's grandma is waiting on the platform.

Claudia jumps into her

at exactly .

"Was it very boring on the ?"

Grandma asks.

"Not at all!" Claudia shouts.

Wichtige Tunwörter / Important verbs

to get up

Max **gets up** at seven every day.

I **get up** at seven every day.

Max **is getting up** at seven today.

I **am getting up** at seven today.

aufstehen

Max **steht** jeden Tag um sieben auf.

Ich **stehe** jeden Tag um sieben auf.

Max **steht** heute um sieben auf.

Ich **stehe** heute um sieben auf.

to play

Max **plays** with his teddy
every day.

I **play** with my teddy every day.

Max **is playing** with his teddy
at the moment.

I **am playing** with my teddy
at the moment.

spielen

Max **spielt** jeden Tag mit seinem
Teddy.

Ich **spiele** jeden Tag mit meinem
Teddy.

Max **spielt** gerade mit seinem Teddy.

Ich **spiele** gerade mit meinem Teddy.

to read

Max **reads** a book every day.

I **read** a book every day.

Max **is reading** a book
at the moment.

I **am reading** a book
at the moment.

lesen

Max **liest** jeden Tag ein Buch.

Ich **lese** jeden Tag ein Buch.

Max **liest** gerade ein Buch.

Ich **lese** gerade ein Buch.

to paint

Max **paints** a picture every day.

I **paint** a picture every day.

Max **is painting** a picture
at the moment.

I **am painting** a picture
at the moment.

malen

Max **malt** jeden Tag ein Bild.

Ich **male** jeden Tag ein Bild.

Max **malt** gerade ein Bild.

Ich **male** gerade ein Bild.

to count

Max **counts** the minutes
every day.

I **count** the minutes every day.

Max **is counting** the minutes
today.

I **am counting** the minutes today.

zählen

Max **zählt** jeden Tag die Minuten.

Ich **zähle** jeden Tag die Minuten.

Max **zählt** heute die Minuten.

Ich **zähle** heute die Minuten.

to go by train

Max **goes by train** every day.

I **go by train** every day.

Max **is going by train** today.

I **am going by train** today.

mit dem Zug fahren

Max **fährt** jeden Tag mit dem Zug.

Ich **fahre** jeden Tag mit dem Zug.

Max **fährt** heute mit dem Zug.

Ich **fahre** heute mit dem Zug.

Mit der
Bildermaus
macht das Englischlernen Spaß!

Die kurzen Bildermaus-Geschichten und ihre einfache Übersetzung bieten Grundschulkindern eine sinnvolle Möglichkeit für die erste Begegnung mit Texten in englischer Sprache.

Kleine Bilder ersetzen in den lustigen Geschichten alle Namenwörter. So ist jede Menge Lesespaß garantiert. Und das Verstehen der englischen Wörter gelingt ganz einfach, denn der englische und der deutsche Text werden direkt gegenübergestellt.

Die englischen Begriffe können mit den Bildern und der deutschen Übersetzung im Vokabelfenster eingeübt werden. Das Vokabelfenster findet man auf jeder deutschen Textseite unten.

Zudem werden die Kinder mit einfachen Sätzen und Gesprächsformen vertraut gemacht. Als Sprechanreiz wurde im Anhang eine Auswahl der wichtigsten Tunwörter zusammengestellt.

Themen aus dem Grundschullehrplan in spannende Geschichten verpackt: Das ist Englischlernen mit der Bildermaus.

Have fun!

Ihr Loewe-Englisch-Team
Christina Reuth, Gertraud Fuchs
– Grundschullehrerinnen –

Werner Färber wurde 1957 in Wassertrüdingen geboren. Er studierte Anglistik und Sport in Freiburg und Hamburg und unterrichtete anschließend an einer Schule in Schottland. Seit 1985 arbeitet er als freier Übersetzer und schreibt Kinderbücher.

Angela Weinhold, geboren 1955 in Geesthacht/Schleswig-Holstein, ist in Ostfriesland aufgewachsen. Nach dem Abitur begann sie ein Grafik-Design-Studium (Schwerpunkt Buch- und Presseillustration) an der ehemaligen Folkwang-Hochschule in Essen. Seit 1980 arbeitet sie freiberuflich als Illustratorin für Schul- und Jugendbuchverlage. Angela Weinhold lebt in Essen.

Englisch lernen mit der Bildermaus

Erstes Englisch für Grundschulkinder

- Mit Vokabelhilfe und Verbliste
- Englischer Text mit deutscher Übersetzung
- Mit wichtigen Themen aus den Grundschullehrplänen
- Von Englisch unterrichtenden Grundschulpädagogen konzipiert

Step by Step: Englisch lernen

Englisch lernen mit den Leselöwen

Englisch lernen für fortgeschrittene Leser

- Mit Ausklappseite
- Mit Wörterbuch und Vokabelhilfe
- Hörkassette zu jedem Buch bei Jumbo Neue Medien & Verlag GmbH

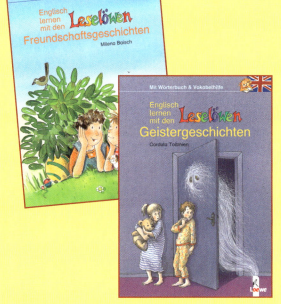

mit Loewe Büchern!